Bilder vom Tegernsee

Am Ringsee
On the Ringsee

R. Peter Bachhuber

Bilder vom Tegernsee

Oreos Verlag

2. aktualisierte Auflage 2011

Die Übersetzung ins Englische besorgten Robert und Elke Philburn
Druck und Einband: Auer, Donauwörth
Printed in Germany
ISBN 978-3-923657-69-8

Inhalt

Geliebtes Tegernseer Tal

Das Tegernseer Tal zählt zu den schönsten Landschaften Deutschlands. Silbern hingegossen in sich sanft aufschwingendes Hügelland ruht der See vor dem mächtigen Thron des Wallbergs. Im Dunst der Ferne schimmern die Felswände der Blauberge so klassisch-erhaben, als läge hinter ihnen das Mittelmeer. Perfekter vermag man Landschaft kaum noch zu träumen.

Erst der letzten Eiszeit verdankt der Tegernsee seine Entstehung. Ein kleiner Gletscher weinte ihn sterbend als vielleicht schönste Träne ins bayerische Alpenvorland. Seit jeher faszinierte dieses liebliche Tal seine Besucher. Zwar sind Funde aus der Bronzezeit rar; auch an die Kelten erinnern nur wenige Flurnamen. Doch Felsinschriften aus der Römerzeit markieren immerhin fast zwei Jahrtausende Geschichte. Die Geschichtsschreibung allerdings beginnt erst im Jahre 746 mit der Gründung des Benediktinerklosters Tegernsee.

Adalbert und Otkar, zwei Brüder aus dem bajuwarischen Hochadel, hatten es auf dem Geröllkegel des Alpbaches errichten lassen. Die Einbringung ihres herzoglichen Vermögens und die Translation eines hochkarätigen Reliquienschatzes mit Gebeinen des römischen Stadtheiligen Quirinus sicherten dem Kloster eine über tausend Jahre währende Tradition.

Warf auch die Geschichte in den damals weltentlegenen Winkel nur gelegentlich ihre düsteren Schatten – das Kloster überstand all die Desaster und erblühte stets zu neuem Glanz. Als freie Reichsabtei zählte Tegernsee zu den bedeutendsten Klöstern des Abendlandes. Im spätgotischen Münster wurde an 24 Altären das Meßopfer zelebriert. Die Stiftsbibliothek war größer als die der Medici und des Vatikans. In seinen Mauern erblühten aus benediktinischem Geist Künste und Wissenschaften. Tegernseer Mönche beherrschten nicht nur meisterlich den Erzguß, die Glas- und Buchmalerei. Auch in der Literatur erlangten sie allerhöchsten Lorbeer: Hier entstand um die Jahrtausendwende mit dem »Ruodlieb« der erste deutsche Roman, hier wurde auch das vielleicht berühmteste deutsche Liebesgedicht geschrieben: »Du bist min, ich bin din...«.

Die 1803 durchgeführte Säkularisation diktierte der Abtei einen jähen Tod im Zenit. Der Klosterschatz wurde konfisziert, der Konvent aufgelöst. Für die bis dahin in Grunddienstbarkeit stehenden Bauern bedeutete dies zwar ein Ende der Leibeigenschaft, aber auch den Verlust ihrer ökonomischen Sicherheit, die sie dem Krummstab verdankten.

Da wollte es ein gnädiges Geschick, daß sich der bayerische König Max I. Joseph in das Tal verliebte, die Reste des geschichtsstolzen Klosters erwarb und zu seiner Sommerresidenz umbauen ließ. Mit dem Einzug der Wittelsbacher begann nun eine neue Epoche, die das Gesicht des Tales völlig verändern sollte. Dank ihrer Großzügigkeit und caritativen Bemühung konnte bald die schlimmste Armut der Bevölkerung gemildert werden. Das Königshaus übernahm die ehemalige Versorgungsfunktion des Klosters und erkannte – vielleicht größtes seiner so vielen Verdienste – die kulturellen Werte des Brauchtums und seine Schutzwürdigkeit.

In Wittelsbach'schem Gefolge kamen nun Adelige und wohlhabende Bürger, Künstler und Reisende aufs Land, das bis dahin im Dornröschenschlaf geruht hatte, und entdeckten Sommerfrische und Bergidyll. Der Bau der Eisenbahn nach Gmund, die Eröffnung der Wiesseer Jodschwefel-Quellen und die Inbetriebnahme des Hirschberghauses mit ersten Bergsteigerquartieren markierten den Beginn des Tourismus, bis heute wichtigster ökonomischer Faktor.

Vor allem die König-Ludwig-III.-Quelle in Bad Wiessee sollte zum Promotor des Fremdenverkehrs werden. Jahrelang hatten dort Holländer – angeregt durch die Analyse des als Klosterheilmittels geschätzten »Quirinusöls«, das sich als Naphtha entpuppte – nach Erdöl gebohrt und waren dabei »nur« auf eine Quelle starker Schüttung gestoßen, deren Zusammensetzung und Wirksamkeit in Deutschland ohne Beispiel ist. Um sie entstanden nun zahlreiche Sanatorien und Pensionen für Abertausende erholungssuchender Menschen.

Schnell wuchsen die vielen kleinen Bauernweiler zu den heutigen fünf Gemeinden zusammen. Während sich Gmund und Kreuth bis heute bäuerliche Strukturen bewahrten, gerieten Bad Wiessee und Rottach-Egern zu exklusiven Kurorten. Tegernsee selbst, in dessen Kulturtradition noch immer das Herz des Klosters schlägt, erwarb sich durch frühe Infrastruktur ein eher urbanes Gepräge.

Sich stetig verstärkender Zuzug, dem die beiden Weltkriege nur vorübergehend Einhalt geboten, drohten den Charakter des Tales zu verändern und seine Wiesenreserve zu dezimieren. Da erzwangen ironischerweise gerade die Spätfolgen eines für den Fremdenverkehr attraktiven Bauvorhabens vorübergehenden Stillstand: 1964 hatten die Gemeinden eine Ringkanalisation fertiggestellt, die dem See Trinkwasserqualität bescherte. Die beschränkte Kapazität der Kläranlage aber setzte dem Bauboom vorläufig ein Ende.

Sanierung und Optimierung der Abwassertechnik zu Beginn des neuen Jahrtausends ermöglichten die Aufhebung des Baustopps. Bleibt zu hoffen, daß alle Verantwortlichen mit der neuen Freiheit behutsam umgehen werden. Denn die Nehmerqualitäten der schönen Landschaft, will sie nicht ihre Faszination einbüßen, sind begrenzt.

Schon einmal hatten die Tegernseer eine ähnlich problematische Situation mit Bravour gemeistert: als im ausgehenden 19. Jahrhundert starker Zuzug aus der Stadt das eigenständige Kolorit zu verwässern drohte. Damals hatte man, unterstützt vom Hause Wittelsbach, das Brauchtum neu belebt.

Gmunder und Tegernseer Gebirgsschützen, die ihren defensiven Milizcharakter bewahren konnten, unterstrichen symbolisch die Bereitschaft, für die Werte ihrer Heimat einzustehen. Derselben ehrenvollen Aufgabe zeigten sich augenfällig auch die Trachtenvereine verpflichtet. Die Rottacher »Wallberger«, »D'Neureuther« aus Gmund, »D'Hirschbergler«, die »Leonhardstoana« aus Kreuth und der »Wiesseer Volkstrachtenverein« demonstrieren bis heute das originalgetreue Tragen des Trachtengewandes. Sie lehren ihre Jugend auch das Schuhplattln und pflegen mit großem Erfolg das Komödienspiel.

Der starke Tegernseer Konvent hatte dem einst abgeschiedenen Tal reinsten altbairischen Katholizismus erhalten, der sein farbenprächtiges Gepräge der Kulturtoleranz des Benediktinerordens verdankte. Sie erlaubte die Assimilierung vorchristlicher Riten und verwandelte das Pantheon heidnischer Götter in einen Himmel lebensnaher Heiliger zum Lobe Jesu Christi. Kirchliches Brauchtum wurzelt im Tegernseer Tal nicht in asketischer Gotteserfahrung. Seine Ausdrucksform vermittelt neben Innerlichkeit auch ein von keltischen, romanischen und bajuwarischen Wurzeln eingefärbtes Fest für die Sinne. Hier im Tal verschmolzen Religion, Kunst, Brauchtum und Landschaft zur harmonischen Einheit.

Ideale Entsprechung fand dieser sinnenfrohe Katholizismus im Lebensgefühl des Barock, dessen farbiger und expressiver Dynamik. Vom goldenen Überschwang der Kirchen mit bunten Freskenhimmeln, musizierenden

Engeln, bäuerlichen Heiligen und lieblichen Madonnen ist kirchliches Brauchtum im Tegernseer Tal nicht zu trennen. Noch immer schreibt man die Namen der Heiligen Drei Könige auf die Türbalken, versammelt man sich zu Mariä Lichtmeß zur Kerzenweihe. Palmbuschen zaubern den Frühling ins Gotteshaus, an Ostern trägt man geweihte Glut und Speisen nach Hause. Unbeirrt begeht man die Kräuterweihe an Mariä Himmelfahrt, Kirchweih und Erntedankfest.

Unvergeßlich bleiben die Fronleichnamsprozessionen über frühsommerliche Wiesen mit im Wind flatternden Fahnen, dem Defilee martialischer Gebirgsschützen und geschmückter Schalkfrauen auf blütenbestreutem Weg.

Unvergeßlich auch das glänzendste Patroziniumsfest des Tales, das alljährlich am 6. November mit der Kreuther Leonhardifahrt, der ältesten Bayerns, begangen wird. Stellt es doch, über das kirchliche Ereignis hinaus, auch eine Begegnungsmöglichkeit des hiesigen Bauernstandes dar, der sich stolz in Tracht repräsentiert. Welch ein Fest für die Augen: die geschmückten Rösser, die Blütenzier der Schalkfrauen, das Herbstkleid goldener Ahornbäume vor angeschneiten Berggipfeln. Geliebte Musik klingender Schellen und Glöckerl, von Hufgetrappel und Peitschenknall, Musica viva Bavariae, die Tausende fröhlicher Gleichgesinnter vereint. Urplötzlich fühlt man die Gnade, in dieser Landschaft leben zu dürfen.

Die Bereitschaft der Bevölkerung, die Tradition zu pflegen und so die kulturelle Glut in der Asche zu erhalten, hat dem Handwerk eine Reihe bodenständiger Berufe bewahrt. Zu ihnen gehören der Lüftlmaler ebenso wie der Kunstschmied, der Sattler, der Federkielsticker und der fürs Trachtenleben so wichtige »Huterer«. Baumeister und Schreiner bewahrten den Riß des gemütlichen Satteldaches, die kunstvolle Holzverkleidung. Dies beschert dem Tegernseer Tal bis heute seine geschlossen wirkende bauliche Harmonie.

Untrennbar ist sein Name auch mit der Pflege des oberbayerischen Liedgutes verbunden. Unter Wittelsbacher Fittichen war es dem Kiem Pauli aus Kreuth gelungen, diesen wichtigen Teil der Volksmusik vor dem Vergessen zu bewahren, dessen Pflege die Musikschule und mehrere Gesangsgruppen eifrig betreiben. Daß auch Theaterspiel und Mundart nicht vernachlässigt werden, dafür sorgen mehrere heimische Bühnen. 1903 schon hatte Michl Dengg das »Große oberbayerische Bauerntheater« gegründet. Für ihn schrieb Ludwig Thoma das brillante Stück »Erster Klasse«. Mit riesigem Erfolg wurde es 1910 in der Egerer »Überfahrt« aufgeführt, wo 20 Jahre später der Kiem Pauli das legendäre Preissingen oberbayerischer Volksmusikgruppen veranstaltete.

Die Lust der Einheimischen an Musik, Tanz und Spiel findet vor allem dann zur Vollkommenheit, wenn es gelingt, die Landschaft in ein Gesamtkunstwerk einzubeziehen. So rufen einmal im Jahr die Trachtenvereine zu ihren Waldfesten, diesen seligsten aller Sommertage. Vor waldesdunkler Baumkulisse ringelt sich dann der Rauch von Hendlbuden, fliegen grellbunte Bollenkittel, blitzt Trompetengold übern Wiesenanger. Köstliche Musik anstoßender Maßkrüge, von Mädchenlachen, Juchzern und dem Befehlston der Baßtuba, der die Jugend rhythmisch zum Tanz führt in zeitlos schöner Bewegung. Gegenlicht verzaubert die Silhouetten sich drehender Miederdirndl zu Scherenschnitten. Mit lässigen Posen stehen hemdsärmlig die Burschen beieinander, tuschelnd daneben die jungen Mädchen: reizvolles Bild, das seine Wirkung niemals verfehlt. Deutschlands vielbeneidete Exoten feiern eine Schau, die ihresgleichen sucht.

Nicht minder ausgelassen und farbenfroh begehen die Gemeinden ihre Seefeste, mit geschmückten Schiffen, musizierenden Flößen und Feuerwerk. Die Tradition dieses Spektakels hatten die Wittelsbacher begründet, als sie einst mit entzündeten Holzstößen Initialen auf die Berghänge zauberten, um ihre adeligen Gäste zu erfreuen.

Noch vieles gäbe es zu erzählen: vom Roßtag in Rottach, der alljährlich Oberbayerns Pferdefreunde versammelt, von der Gaudi des winterlichen Pferdeschlittenrennens... Vom fröhlichen Tag des Almabtriebs, wenn das Vieh nach schadenfreiem Sommer prächtig aufgebuscht in die heimatlichen Ställe zurückgeführt wird... Von Bauernhochzeiten und Christmette...

Kein Wunder, daß sich in das Gästebuch dieses farbigen Tales im Lauf der Jahrhunderte so viele bedeutende Namen eintrugen: Äbte, Könige und Kaiser; Wittelsbacher, Welfen, Hohenzollern und Habsburger, der russische Zar und europäischer Hochadel. Hier, im geliebten Tegernseer Tal, kehrte ein, wer Rang und Namen hatte, Politiker wie Metternich, Moltke und Bismarck bis hin zu Ludwig Erhardt, Josef Ertl und Franz Josef Strauß.

Vor allem Künstler schätzten den inspirierenden »Genius loci«. Am Tegernsee musizierten Paganini und Mendelssohn, komponierten Max Reger und Arnold Schönberg, lebten der junge Furtwängler und der Heldentenor Leo Slezak.

In Tegernsee erblickte Egid Quirin Asam das Licht der Welt, malten Kobell, Stuck, Kaulbach, Thöny, Ludwig Richter, Leibl, Olaf Gulbransson, August Macke und Paul Klee.

War auch der Minnesänger Walther von der Vogelweide einst verbittert von dannen gezogen, weil ihm die Mönche nur Wasser kredenzten, anstatt seinen Liedern zu lauschen, so fanden doch später noch viele Literaten Gefallen am illustren Tegernseer Tal. Nicht nur Ludwig Thoma und Ludwig Ganghofer, die hier wohnten, sondern auch Hugo von Hofmannsthal, Rainer Maria Rilke, Thomas Mann, Lena Christ, Kasimir Edschmid und D. H. Lawrence.

Die Zahl derer, die der Faszination dieses Landstriches erlagen und alljährlich aufs Neue verfallen, will kein Ende nehmen. Sie alle schätzten die Schönheit des Tegernseer Tales und sein kulturelles Erbe, das intakte bäuerliche Herz und sein lebensfrohes Brauchtum, die gastronomische und medizinische Infrastruktur dieser klassischen Erholungsregion. Und sie schätzen nicht weniger die schier unbegrenzten Freizeitmöglichkeiten der Landschaft, die von Wind umtosten Felsgraten bis hinab in sanftes Wiesenland reicht und mit einer unerhörten Vielfalt farbiger Facetten überrascht. Wohl nirgendwo in Oberbayern verbinden sich Urlandschaft, Kulturlandschaft und Kurlandschaft zu einer derart beglückend-harmonischen Einheit wie hier am Tegernsee. Sein Lebensgefühl speist sich aus dem geradezu alchimistischen Rezept, auf engstem Raum so viele erlebbare Gegensätze wie möglich zu vereinen: Nord und Süd, das Hohe und das Tiefe, das Sanfte und das Rauhe, Heiliges und Profanes, bäuerliche Tradition und Jetset...

Hier kann ein Jeder nach seiner Façon selig werden: Wanderer am Busen der Natur, Gipfelträumer, Sonntagssegler, Bräustüberlpilger und Glücksjäger, Kunsteleven und Genießer barocker Lebensfreude. Vor allem aber jene, die das Tegernseer Tal stolz ihre Heimat nennen.

Sie wissen am besten um die Gnade, in diesem gottgesegneten Land leben zu dürfen, in dem – hoffentlich noch lange – die Uhren ein wenig anders gehen. Und daß man eigentlich darum kämpfen müßte wie der Brandner Kaspar. Als sein Sterbestünderl gekommen war, überredete er listig den Tod zum Glücksspiel, betrog ihn und gewann. Damit er noch bleiben durfte – im geliebten Tegernseer Tal...

The Treasured Tegernsee Valley

The Tegernsee Valley is one of the most beautiful landscapes in Germany. Cast like silver against the soft undulating hills lies the sea, stretching out before the mighty throne of the Wallberg. In the distant mists, the rock walls of the Blauberge shimmer, classically-sublime, as if the Mediterranean lay behind them. It is truly hard to imagine a more perfect scene.

The region owes its emergence to the last ice age, a dying glacier having shed a tear of great beauty into these Bavarian Alpine foothills. Ever since, this charming valley has fascinated and enchanted its visitors.

Remnants from the Bronze Age are rare, and just a few names describing local landscape are all that remains of the once present Celts. Rock inscriptions from Roman times however can still be found, marking almost two millennia of history. Written historical records only began in 746 AD, with the foundation of the local Benedictine Monastery.

Adalbert and Otkar (two brothers of the Bavarian high nobility) had the monastery built on the debris piles of the Alpbach. The contribution of their estate, along with the transfer of precious relics and the mortal remains of the Roman patron saint Quirinus, secured the monastery over a thousand year tradition.

As a free imperial abbey, Tegernsee was among the most important monasteries of the occident. The monastery's library was larger than those of the Medici and the Vatican, and within its walls, the arts and sciences blossomed out of the Benedictine spirit. Sadly however, the secularisation of 1803 brought a sudden death to the monastery at its zenith. It's treasure was confiscated, and the monastery resolved.

However, fate would have it that Bavarian King Max I. Joseph fell in love with the valley, subsequently acquiring what remained of the historic monastery. This he would rebuild into his summer residence.

With the coming of the house of Wittelsbach a new epoch began that was to change the face of the valley completely. The royal house took over the running of the monastery and recognised its custom and cultural value. With the entourage of the Wittelsbachers came noblemen, wealthy citizens, artists, and travellers out into the previously dormant country to discover an idyllic mountain retreat.

The valley thus became a locus for tourism, a particular attraction being the King-Ludwig-III-spring at Bad Wiessee. Around it emerged numerous sanatories and guest-houses, providing for many thousands who sought relaxation.

The numerous small farming hamlets rapidly grew together into the five communities of today. This steady growth, only temporarily halted by the two world wars, eventually threatened to diminish the surrounding meadowland, and thereby change the true character of the valley. However, the limited capacity of the sewerage system (completed in 1964 and designed to discharge drinking quality water into the sea) temporarily halted the building boom.

More recently, the re-development and optimisation of the sewerage technology at the beginning of the new millennium allowed the lifting of the suspension of building work. The exploitability of this beautiful landscape, if it is not to forfeit its fascination, is limited, and it remains to be seen if those responsible will handle the new freedom carefully.

The Tegernsee people have previously successfully managed a similar situation in the 19th century, when a strong settlement from the towns threatened to dilute the peculiar character. At that time, traditions and customs were revived with the help of the House of Wittelsbach.

The mountain riflemen of Tegernsee and Gmund, that were able to maintain their defensive militia character, symbolically emphasized the preparedness to lay oneself down for the values of the homeland, as did the traditional costume associations, who strikingly showed themselves committed to this honourable task.

The powerful Tegernsee monastery had maintained purest Old-Bavarian catholicism in this previously secluded valley, which owes its colourful character to the culture-tolerance of the Order of the Benedictines. The ideal expression of this sensuous catholicism was found in the life spirit of the baroque – in its colourful and expressive dynamics. These dynamics are clearly reflected in today's cultural practices.

Unforgettable are the Corpus Christi processions; with banners flapping in the wind over spring meadows, the mountain riflemen and decorated women in traditional dress, on a route ornated with blossoms.

Memorable also is the valley's splendid annual 'Patrozinium' (the celebration in honour of a patron saint on Nov. 6th), with the St. Leonhard procession of Kreuth – the oldest in Bavaria. What a feast for the eyes: ornated horses, the flower ornaments of the women in traditional dress, and the autumn foliage of the maple trees standing proudly before snow-capped mountains. The enchanting music of the ringing bells and chimes, the clip-clopping of the hooves and crack of the whip – musica viva Bavariae – that unifies thousands of like-minded people. All at once, the privilege of living in such a place becomes apparent.

The desire and readiness to keep the embers of cultural tradition glowing has helped preserve a number of crafts and professions that are rooted in the soil. Indeed, the joyous expression of music, dance and play finds its true perfection when it embraces the elements of this wonderful landscape.

Once a year the traditional costume associations hold their woodland festivals in what are the most blissful days of the summer. In front of a dark wooded backdrop, the smoke of roast chicken-stalls whisps into the air, brightly coloured smocks sway to and fro, and the gold of the trumpets sparkles above the lush village green. The giddy music of raised beer-steins, the sound of girls gaily laughing, spontaneous hoots of glee combine with the orderly tone of the bass tuba, rhythmically leading the youth to a dance in timeless beautiful movement, the shapes of turning bodices transformed into silhouettes against the back-lighting. The young men stand in casual pose, cool and confident, whilst nearby onlooking girls whisper – a charming picture that never fails to impress. No less exuberant and colourful, the communities celebrate the lake-festivals with decorated ships, musical rafts, and volleys of fireworks. Here, Germany's often envied 'exotic' folk are celebrating a show that is second to none.

Not surprising then that, over the centuries, many famous names have been penned into the guestbooks of this colourful valley: abbots, kings and emperors, people of the houses of Wittelsbach, Hohenzollern, Habsburg and the Guelphs, the Russian Tsar, and European higher ranks of nobility. Here in the treasured Tegernsee Valley, which anybody who is anybody has visited, particularly artists and artisans, able to appreciate the inspiring genius loci.

The number of those that are captured by the fascination of this area, and continue to be captivated by it every year anew, seems endless. All have appreciated the beauty of the Tegernsee Valley and its cultural heritage; the intact peasant's heart, the customs – full of zest for life, the local gastronomy, and medical infrastructure of this classical spa region. No less appreciated are the almost unlimited opportunities for spare time activities in this region, which stretches from rocky ridges buffeted by the wind down to the gentle meadow land, offering in between a suprising variety of colourful facets. Probably nowhere else in Upper Bavaria do archetypal landscape, cultural landscape, and spa landscape combine to form such a delightfully harmonic ensemble at the Tegernsee.

Here everyone can find bliss in his own way: hikers on the bosom of nature, mountain peak dreamers, Sunday sailers, beer-pub pilgrims and luck-hunters, arts-students, and connoisseurs of the baroque joy of life. But most of all those who proudly call the Tegernsee Valley their home, and make the region what it is today.

Bilder vom Tegernsee

Pictures of the Tegernsee

Frühling in Kaltenbrunn
Spring in Kaltenbrunn

Goldener Oktober in Kaltenbrunn
A golden October day in Kaltenbrunn

An der Mangfall in Gmund
The Mangfall river in Gmund

In Sankt Quirin
St. Quirin

Fronleichnam in Gmund
Corpus Christi Procession in Gmund

Marketenderinnen der Gmunder Gebirgsschützen
Sutlers of the mountain riflemen of Gmund

In Gasse

Fesche Gmunderin
Feast day in Gmund

Prozession beim Gmunder Skapulierfest
Procession of the Skapulierfest in Gmund

Segnung beim Skapulierfest
Ceremony of the Skapulier Procession

Spaziergang bei Gasse
A walk in Gasse

Gewitterstimmung in Gmund
A gathering storm in Gmund

Morgenröte in Dürnbach
A golden dawn in Dürnbach

Uferszene in Sankt Quirin
Scene from the shore at St. Quirin

Auf dem Weg zur Neureuth
On the way to Neureuth

Blick auf Tegernsee
A view of Tegernsee

Tegernseer Schloß
Tegernsee Castle

St.-Quirinus-Klosterkirche
The church of the St. Quirinus Monastery

St.-Quirinus-Klosterkirche in Tegernsee
Inside the church of the St. Quirinus Monastery

Ihre Königlichen Hoheiten Herzog Max und Herzogin Elizabeth in Bayern
Bavaria's Duke Max and Duchess Elizabeth

Tegernseer Gebirgsschützenkompanie
The mountain riflemen company of Tegernsee

Gebirgsschützen-Gaudi
Mountain riflemen enjoying the moment

Auf der Tegernseer Point
On the Point near Tegernsee

Badespaß
Swimming fun

Almabtrieb über Tegernsee
Bringing down the cattle near Tegernsee

Auf dem Klein-Tegernseer Berg
On the Klein-Tegernsee mountain

Kurs nach Abwinkel
Sailing to Abwinkel

Auf der Neureuth
On the Neureuth mountain

Egerner Bucht bei Nacht
Bay of Egern at night

Malerwinkel in Rottach-Egern
Idyllic "Malerwinkel" (Painters' Corner) at Rottach-Egern

Palmweihe in der St.-Laurentius-Kirche von Rottach-Egern
Religious feast in Rottach-Egern (St. Laurentius church)

Mit geweihten Buschen nach Hause
Returning home after consecration

Junger Gebirgsschütz
Young mountain rifleman

Beim Zweisteirer Tanz
The Zweisteirer Dance

Beim Schuhplattln
Schuhplattler!

Waldfestszene in Rottach-Egern
Woodland festival in Rottach-Egern

Holzhacker-Tanz
The "Woodcutter Dance"

Vor dem Auftritt beim Hirschbergler-Waldfest
Before the performance at the Hirschbergler woodland festival

Rottacher Miederdirndl
Girl from Rottach in traditional dress

Beim Roßtag in Rottach-Egern
The Horse Festival of Rottach-Egern

Im Schinderkar
In the Schinderkar

Auf der Schlagalm
On the Schlagalm

Beim Almabtrieb auf der Wechsel-Alm
Bringing down the cattle from the Wechsel-Alm

Aufbuschen auf der Königsalm
Decorating the cattle on the Königsalm

Beim Almabtrieb auf der Scheuerer-Alm
Bringing down the cattle on the Scheuerer-Alm

Ankunft im Kühzagl
Arrival in the Kühzagl

Egerner Bucht
The bay of Egern

Malerwinkel in Rottach-Egern
The “Malerwinkel” (Painters’ Corner) in Rottach-Egern

Malerwinkel in Rottach-Egern
The "Malerwinkel" (Painters' Corner) in Rottach-Egern

Pferdeschlittenrennen in Rottach-Egern
Sledge race in Rottach-Egern

Blick vom Wallberg
View from the Wallberg

Am Wallberg-Kreuz
Cross on Wallberg

Bildstock am Riedereck
On the Riedereck

Sommerglück
Having fun in the summer

Palmsonntag in Kreuth
Palm Sunday in Kreuth

Maibaum-Aufstellen in Glashütte
Setting up the maypole in Glashütte

Festtags-Gaudi in Kreuth
Cheerful festival in Kreuth

Fronleichnamsprozession in Kreuth
Corpus Christi Procession in Kreuth

Leonhardi in Kreuth
St. Leonhard's Day in Kreuth

Gebirgsschützen an Leonhardi
Mountain riflemen on St. Leonhard's Day

Schalkfrauen ...
Women in traditional dress ...

... an Leonhardi in Kreuth
... on St. Leonhard's Day in Kreuth

An Leonhardi in Kreuth
St. Leonhard's Day in Kreuth

Pferde-Segnung an Leonhardi
Blessing the horses on St. Leonhard's Day

In der Schwarzen Tenn
In the Schwarze Tenn

Auf dem Wallberg
On the Wallberg

Ringberg-Schloß
Ringberg Castle

Leonhardstein

In Wildbad Kreuth

In Siebenhütten

Bad Wiessee mit Jägerkamp
Bad Wiessee and the Jägerkamp mountain

Pfarrkirche Maria Himmelfahrt in Bad Wiessee
Church of the Assumption of Mary at Bad Wiessee

Ein Sommertag in Holz
A summery day in Holz

In Alt-Wiessee

In Wiessee-Abwinkel

Blick vom Bucher-Bauern auf Bad Wiessee
Looking down to Bad Wiessee from the "Bucher-Bauer" farm

Kurpromenade in Bad Wiessee
Spa promenade in Bad Wiessee

In Bad Wiessee

Festtagsszene in Bad Wiessee
Festival in Bad Wiessee

Trachtlerjugend in Bad Wiessee
Youth in traditional dress in Bad Wiessee

Wiesseer Schalkfrauen
Women from Wiessee in traditional dress

Wiesseer Trachtler
People from Wiessee in traditional dress

Beim Trachtenfest
The festival in full swing!

Die Gemeinden des Tegernseer Tales

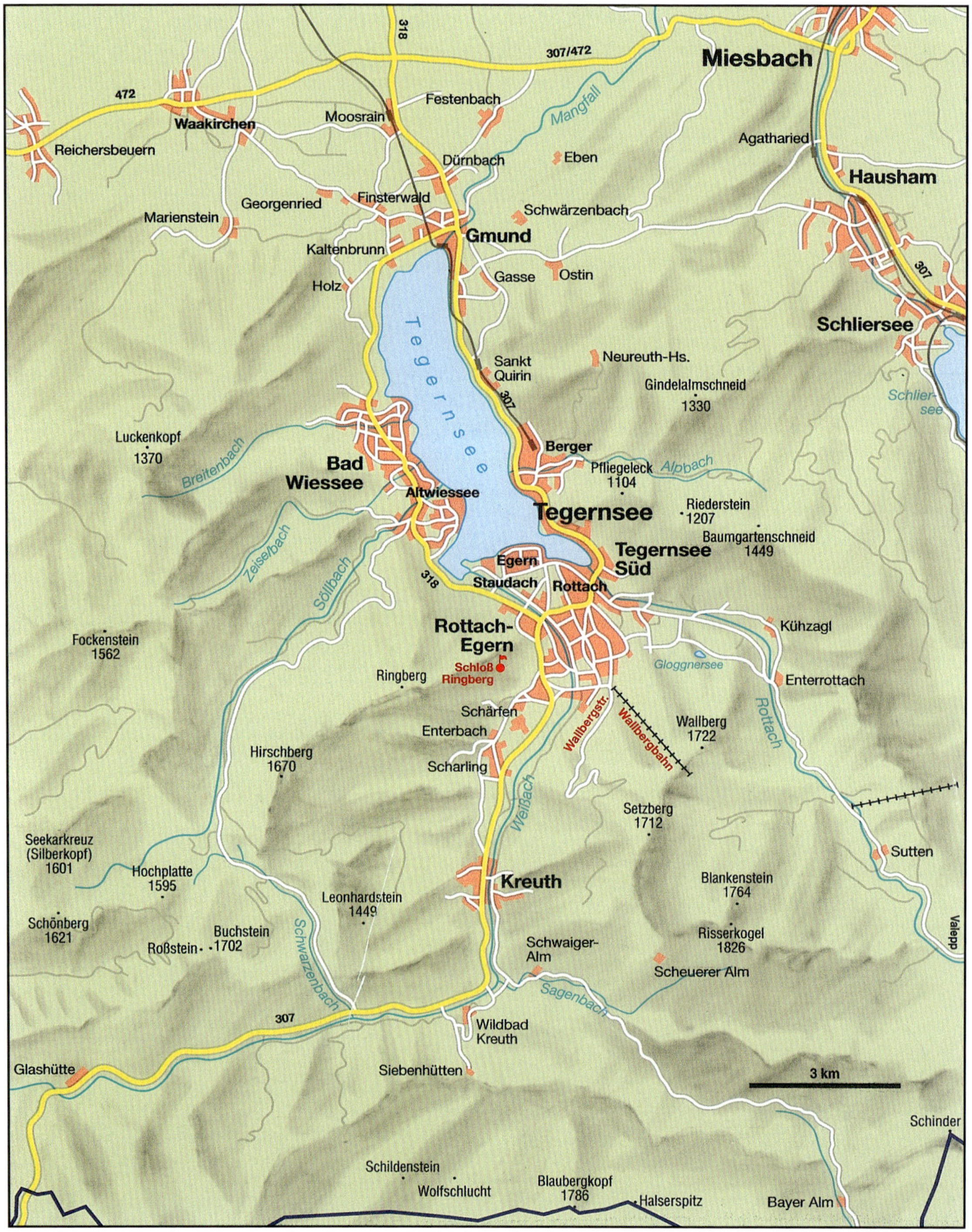
Miesbach
Hausham
Schliersee
Tegernsee
Gmund
Bad Wiessee
Rottach-Egern
Tegernsee Süd
Kreuth
Waakirchen
Reichersbeuern
Marienstein
Georgenried
Moosrain
Festenbach
Dürnbach
Finsterwald
Kaltenbrunn
Holz
Eben
Schwärzenbach
Gasse
Ostin
Agatharied
Sankt Quirin
Neureuth-Hs.
Gindelalmschneid 1330
Berger
Pfliegeleck 1104
Riederstein 1207
Baumgartenschneid 1449
Altwiessee
Egern
Staudach
Rottach
Luckenkopf 1370
Fockenstein 1562
Ringberg
Schloß Ringberg
Kühzagl
Enterrottach
Gloggnersee
Schärfen
Enterbach
Scharling
Wallbergstr.
Wallbergbahn
Wallberg 1722
Hirschberg 1670
Setzberg 1712
Sutten
Seekarkreuz (Silberkopf) 1601
Hochplatte 1595
Schönberg 1621
Roßstein
Buchstein 1702
Leonhardstein 1449
Blankenstein 1764
Risserkogel 1826
Schwaiger-Alm
Scheuerer Alm
Valepp
Wildbad Kreuth
Glashütte
Siebenhütten
3 km
Schinder
Schildenstein
Wolfschlucht
Blaubergkopf 1786
Halserspitz
Bayer Alm
Tegernsee
Schliersee
Mangfall
Breitenbach
Zeiselbach
Söllbach
Alpbach
Rottach
Weißach
Schwarzenbach
Sagenbach
318
307/472
472
307

Gmund

6100 Einwohner, 38 qkm Fläche
740 m NN

Informationen
Tourist Information Gmund am Tegernsee
Kirchenweg 6
83703 Gmund am Tegernsee
Telefon 08022/7505-27, Fax 08022/7505-45
Internet: www.gmund.de
E-mail: info@gmund.de

Tourismus
3 Hotels, 4 Pensionen und Gasthöfe
60 Ferienwohnungen zum Teil auf Bauernhöfen
30 Privatzimmer zum Teil auf Bauernhöfen
12 Gaststätten / Restaurants, 2 Cafés

Sport und Spiel
55 km Wander- und Fahrradwege
1 Strand- und Freibad, Bootsverleih
1 Segel- und Surfschule, Tennisplätze
19 km gespurte Langlaufloipe, Neureuth-Rodelbahn
Oedberg-Skilift, Sommer-Rodelbahn
1,5 km Uferpromenade mit Seeuferlehrpfad

Sehenswürdigkeiten
Pfarrkirche St. Ägidius, erbaut 1688–1693
Mariahilfkapelle, erbaut 1634
Jagerhaus, heute Heimatmuseum, erbaut 1634

Feste und Veranstaltungen
Waldfeste, Heimatabende, Kurkonzerte
Juni: zehntägiges Volksfest
1. Sonntag im August: Bürgerfest
November: Leonhardiritt in Festenbach
Dezember: Nikolausmarkt

Das ganze Jahr über finden außerdem eine Vielzahl an großen und kleinen Veranstaltungen statt. Die genauen Termine können Sie unter www.gmund.de oder Tel. 08022/7505-27 abfragen.

Hübsch schmiegt sich der Luftkurort – nördliche Eingangspforte des Tegernseer Tales – an den Hang der eiszeitlichen Endmoräne. In seinen auch durch die Gemeindegebietsreform zugesprochenen Sprengeln Dürnbach, Moosrain, Finsterwald, Festenbach, Eck, Ostin und St. Quirin verfügt er über ein riesiges Areal. Seine Gäste schätzen vor allem die dörfliche Beschaulichkeit und »heile Welt« der etwa 70 bewirtschafteten Höfe mit herrlichen bäuerlichen Wiesen und die Vielfalt romantischer Wandermöglichkeiten durch idyllisches Hügelland rund um die Mangfall und im Forst der Neureuth. Mit ca. 640 Gästen und wenigen Hotelbetrieben nimmt sich das Fremdenverkehrspotential Gmunds im Vergleich zu den anderen Talgemeinden eher bescheiden aus. Wachsendes Interesse verzeichnet jedoch der »Urlaub auf dem Bauernhof«, der Einblick in das noch funktionierende Landleben des über 900 Jahre alten Ortes schenkt, dessen blühendem Brauchtum sich eine Gebirgsschützenkompanie und der Trachtenverein »D'Neureuther« verpflichtet fühlen. Neben Heimat- und Tanzabenden verspricht ein buntes Freizeit- und Sportangebot Abwechslung, die zwei Strandbäder, eine bekannte Segel- und Surfschule, Tennismöglichkeiten, sowie kleine Skilifte und gepflegte Loipen garantieren.

Gmund, mit eigenem Bahnhof und Schiffsanlegestellen, hat – bedingt durch seine Lage am Schnittpunkt der zur Auto-

Gmund

St. Quirin

bahn München-Salzburg führenden Bundesstraße 307 und der Verbindungsstraße von Bad Tölz nach Schliersee – an manchen Tagen leider die Hauptlast starken Ausflugsverkehrs zu tragen, der den Gmunder Berg als Eingangspforte in das Tegernseer Tal passieren muß. Für diesen Wermutstropfen entschädigt der hübsche Ort aber seine Gäste überreich durch die Rarität eines nahezu unverbauten Seeufers mit Freizeitmöglichkeiten, dessen Perspektiven zu den allerschönsten dieser Landschaft zählen. Seiner extern im Mangfalltal gelegenen modernen Kläranlage, der die Ringkanalisation des Tegernseer Tales verbunden ist, kommt eine Schlüsselfunktion für die weitere Bebauung der Tegernseer Gegend zu. Zwei ebenfalls außerhalb des Seebereiches gelegene, renommierte Papierfabriken bieten wichtige, vom Fremdenverkehr unabhängige Arbeitsplätze für die einheimische Bevölkerung.

Sehenswürdigkeiten:
Die Pfarrkirche *St. Ägidius*, Nachfahrin der Urpfarre St. Michael, deren Geschichte bis ins 11. Jahrhundert zurückreicht, wurde nach einem Brand von Lorenzo Sciasca zwischen 1688 und 1693 errichtet und mit Stukkatur versehen. Sie gilt neben der Klosterkirche Tegernsee als eines der ersten Beispiele für italienischen Barock in Oberbayern. Den Hochaltar, der ursprünglich einmal im Münster der nachbarlichen Abtei gestanden hatte, ziert ein Gemälde Johann Georg Asams. Beachtung verdienen zahlreiche wertvolle Schnitzfiguren, so eine spätgotische Madonna, ein von Thomas Hürnle 1692 geschaffener St. Michael, das Holzrelief des

Naturnahe Erholung
Die Landwirtschaft und der Fremdenverkehr prägen das Ortsbild von Gmund. Von den etwa 70 landwirtschaftlichen Betrieben bieten 30 Anwesen den Touristen »Ferien auf dem Bauernhof« an – Erholung mitten in der Natur!

Lebendige Tradition
Die Brauchtumspflege sowie das Vereinsleben haben in der Gemeinde einen sehr hohen Stellenwert. Der Trachtenverein D'Neureuther, die drei Blaskapellen, Gebirgsschützen und weitere 23 Vereine sorgen für Unterhaltung und Brauchtumspflege mit Heimatabenden, Waldfesten und einem Lichterfest an der Seepromenade. Seit dreieinhalb Jahrzehnten wird im Juni eine Woche lang ein Volksfest mit umfangreichem Programm abgehalten.

Wassersport und Bergvergnügen
Als Ferienort bietet Gmund, was das Herz eines jeden Urlaubers nur begehren kann: Wanderungen, Bergtouren, Strand- und Freibad, Segel- und Surfschule, Tennisplätze und Drachenfliegen, eine herrliche Seepromenade und für den Winter zwei Skilifte, drei Langlaufloipen, geräumte Wanderwege und Plätze zum Schlittschuhlaufen und Eisstockschießen. Wer es beschaulicher mag, entdeckt den grünklaren Tegernsee und das imposante Massiv des Wallbergs auf einer Bootsrundfahrt mit der weiß-blauen Seeflotte.

Kaltenbrunn
Genießen Sie einen der schönsten Ausblicke auf den Tegernsee und die Berge. Gut Kaltenbrunn, das ehemalige Mustergut des bayerischen Königshauses, ist derzeit geschlossen.

Barmherzigen Samariters aus der Hand Ignaz Günthers und drei Tafelbilder des 15. Jahrhunderts.

Die Pestkapelle am Westrand des Friedhofes, 1635 als Einlösung eines Gelübdes erbaut, verdient den Besuch des Kunstfreundes wegen ihres vergoldeten Renaissance-Schnitzaltares des Müncheners Johann Gerbl. Einer überaus lieblichen, in der Mitte thronenden Maria mit Kind gesellen sich flankierend die Heiligen Sebastian und Rochus bei.

1450 entstand das ursprünglich hölzerne Kirchlein von St. Quirin in seiner heutigen Form, das daran erinnert, daß die Gebeine des 270 n. Chr. enthaupteten Märtyrers auf ihrer abenteuerlichen Reise von Rom nach Tegernsee im Jahre 761 hier ein letztes Mal zur Rast abgesetzt wurden. Die Figur des Klosterheiligen krönt die zierliche Marmorfassung einer legendenumwitterten Quelle inmitten des kleinen Sakralbaus.

Georgenrieds gotische Filialkirche begeistert durch ihr prächtiges, 1528 geschaffenes Netzgratgewölbe und die homogene Ausstattung im Stil der späten Renaissance.

Wanderungen:
Beschauliche Wege führen zum Gut Kaltenbrunn – einer ehemaliger Kloster- und Wittelsbacherdomäne, das derzeit allerdings geschlossen ist, und zur Hainzenhöhe, oder zum Weiler Eck mit Blick auf den Wendelstein, schließlich von Gasse aus durch Wiesen über den Höhenweg nach Tegernsee und hinunter nach St. Quirin, wo neben dem Bahnübergang ein Gletscherschliff von der Eiszeit erzählt. Variantenreich lassen sich Spaziergänge im Mangfalltal gestalten, dessen kleine Aufschlußgräben dem Fossiliensammler schöne Versteinerungen des Molasse-Troges bescheren.

Tegernsee

4000 Einwohner, 22,77 qkm Fläche
732 bis 1264 m über NN

Informationen
– Stadtverwaltung Tegernsee
Rathausplatz 1, 83684 Tegernsee
Telefon 08022 / 1801-0, Fax 08022 / 1801-22
E-mail: rathaus@tegernsee.de
– Tourist Information Tegernsee
Hauptstraße 2, 83684 Tegernsee
Telefon 08022 / 180140, Fax 08022 / 3758
E-mail: info@tegernsee.de
Internet: www.tegernsee.de

Tourismus
Zahlreiche Hotels, Gästehäuser, Ferienwohnungen, Privatvermieter, Gaststätten und Restaurants.

Sehenswürdigkeiten
Olaf-Gulbransson-Museum, Museum Tegernseer Tal, Schloß (ehem. Benediktiner-Kloster), ehem. Klosterkirche mit Fresken von Hans-Georg Asam, Herzogl. Bräustüberl, Ludwig-Thoma-Haus, Ludwig-Ganghofer-Haus, Stieler-Haus, Courths-Mahler-Haus, Großes und kleines Paraplui, Rosenstraßen-Ensemble.

Sport und Freizeit
Sport- und Freizeitgelände Point, Frei- und Strandbad mit Seesauna, Kunsteisarena, Spielgolfanlage, Surfen, Rudern, Beach-Volleyball, 40 km Wanderwege, Berggaststätten, Radfahren, Schiffsrundfahrten, Wald-Erlebnispfad, MEDIUM Sport- und Gesundheitszentrum, Jugendfreizeitstätte, Volkshochschule.

Feste, Veranstaltungen
Frühjahrsmarkt (3. So nach Ostern), Herbstmarkt (1. So. im Sept.), Trachten und Handwerkerdult (Mai), Waldfest (Mitte Juli), Seefest mit Brillantfeuerwerk (Anf. Aug.), Tegernseer Woche (Ende Sept./Anf. Okt.), Internat. Bergfilm-Festival (Okt.), Wissenschaftstage Tegernsee (Nov.), Schloß- und Jazzkonzerte.

Der heilklimatische Kurort am schmalen östlichen Seeufer gruppiert sich malerisch um die Reste der geschichtsstolzen Abtei und späteren Wittelsbacher'schen Sommerresidenz. Dank der weitgehend mit dem Geschick des Benediktinerstiftes verbundenen Geschichte und der frühzeitig erworbenen Infrastruktur mit Bahnstation, Busverbindungen, Schiffsanlegestellen, Ämtern und Kommunalbetrieben beanspruchte die Stadt Tegernsee schon früh den ersten Rang unter den Talgemeinden, den sie – zumindest kulturell – bis heute behaupten konnte. Dies belegt ein äußerst reichhaltiges Angebot an Theaterveranstaltungen (Ludwig-Thoma-Saal), Dichterlesungen (Thoma-Haus), Kirchenkonzerten der Kantorei und des Palestrina-Motettenchores, das alljährlich

Blick auf Schloß Tegernsee

Olaf-Gulbransson-Museum
Olaf Gulbransson lebte lange Jahre in Tegernsee. Das Museum widmet sich den Werken und dem Leben des bekannten Norwegers: Karikaturen für den »Simplicissimus«, Zeichnungen, Bilder und Gemälde, gezeigt werden aber auch Fotografien und eine Videodokumentation. In regelmäßigen Sonderausstellungen wird das Werk seiner Zeitgenossen beleuchtet, auch werden die Arbeiten der jährlichen Gulbransson-Preisträger vorgestellt. Der helle und moderne Flachbau paßt architektonisch gut in die Landschaft und in den Kurgarten.

Museum Tegernseer Tal – Kultur & Geschichte
Das Heimatmuseum im ehemaligen Pfarrhof wurde in den vergangenen Jahren aufwendig völlig neu gestaltet und präsentiert einen umfangreichen Überblick über die Geschichte Tegernsees, seines Klosters, der Wittelsbacher und des Tegernseer Tales. In 17 Räumen werden rund 850 Ausstellungsobjekte vom 14. bis zum 20. Jahrhundert gezeigt. Neben Exponaten zur Geschichte der Region liegt der Schwerpunkt auf der Dokumentation des bäuerlichen Lebens und des traditionellen Handwerks. Viele Zeugnisse wurden erst in den letzten Jahren durch Schenkung, Kauf oder Leihgabe erworben und sind erstmals öffentlich zu sehen.

Tegernseer Woche für Kultur und Brauchtum
Ein Höhepunkt des kulturellen Lebens ist die »Tegernseer Woche für Kultur und Brauchtum«, die jährlich in der Zeit Ende September/Anfang Oktober stattfindet, mit Lesungen und vielen anderen Veranstaltungen. Der Bogen der musikalischen Darbietungen spannt sich dabei von Musik aus der Klosterzeit bis zu Werken zeitgenössischer Komponisten aus dem Tal.

Sport und Erholung auf dem See und auf den Bergen
Der Tegernsee bietet vielfältige Möglichkeiten des Wassersports, wie etwa Surfen, Segeln, Rudern, Tauchen und Schwimmen. Reizvoll ist eine Bootsrundfahrt mit den Schiffen der Weiß-blauen Flotte der Bayerischen Seenschiffahrt, darunter einem großen Fahrgastschiff mit Bewirtung. Der südliche Rundkurs wird auch im Winter bedient.
Mit einem Sportgelände auf der Halbinsel Point, einer Spielgolfanlage, einer Kunsteisarena, dem Frei- und Strandbad mit Seesauna sowie den vielen Kilometern Spazier- und Wanderwegen ist für jeden etwas geboten. Lohnende Ausflugsziele sind die Orte um den Tegernsee und die in unmittelbarer Nähe gelegenen Berge: Zu erwähnen wären hier die Gondelbahn auf den Wallberg, die Sesselbahn auf den Stümpfling, Wanderungen auf die Neureuth, den Galaun, den Riederstein und die Bodenschneid. Im Winter erwarten den Skifahrer kilometerlange Langlaufloipen und attraktive Skihänge.

Brauerei und Bräustüberl
Vom Kloster Tegernsee aus nahm die bayerische Braukunst ihren Lauf. Bereits im Mittelalter hatten die Tegernseer Benediktinermönche einen ausgezeichneten Ruf als Braumeister. Von ihnen haben die Münchner das Bierbrauen gelernt. In der Herzoglichen Schloßgaststätte mit ihrem schönen, schattigen Biergarten und im volkstümlichen Bräustüberl, in dem es oft hoch hergeht, kann heute noch jeder an dieser weltlichen Tradition teilhaben.

Rathaus und Haus des Gastes

während der »Tegernseer Woche« seinen Höhepunkt findet. Gelungene Präsentation des heimischen Kunsthandwerks, kulturelle Veranstaltungen des Gymnasiums, der Volkshochschule, von Gulbransson- und Heimatmuseum, Jazzkonzerte, Kammerkonzerte im Barocksaal und Schloßkonzerte verdienen gleichermaßen das Interesse des Kunstfreundes. Sanatorien, ein Hallenbad mit Sauna, Strandbäder und zauberhafte Wanderwege offerieren vielfältig nutzbare Aspekte eines gesundheitsorientierten Urlaubs, den mehrere Hotels mit insgesamt etwa 1700 Gästebetten angenehm gestalten; jüngere Gäste wissen diverse Wasser-, Ski- und Eissportmöglichkeiten zu schätzen. Bei Alt und Jung gleichermaßen beliebt ist das über die Landesgrenzen hinaus bekannte Bräustüberl, dessen Besuch als überaus angenehme

»Pflichtübung« gelten darf. Der prägnanten Wertung des Historikers Treitschke, der in Tegernsee all das vereinigt sah, was »altbaierische Herzen liebten …: ein Königsschloß, eine Kirche und ein Bräu« ist eigentlich nichts mehr hinzuzufügen.

Sehenswürdigkeiten:
Klosterkirche St. Quirin: Unter der klassizistischen Fassade vermag man das wahre Alter der bis ins 11. Jahrhundert zurückreichenden Basilika, die nur die Umfunktionierung zur Pfarrkirche vor den Spitzhacken der Säkularisation bewahrte, kaum noch zu ahnen. Leo von Klenze veränderte – der Proportion des neu konzipierten Schlosses zuliebe die älteste Doppelturmfassade Bayerns. Ein Barockportal, über dem eine Marmorplatte an die Stifter erinnert, geleitet durch

In der Rosenstraße

die freskenreich geschmückte Vorhalle in das dreischiffige Gotteshaus, dessen Gesicht weitgehend dem 17. Jahrhundert zuzuordnen ist. Leider kann der Umbau des mittelalterlichen Prachtmünsters durch den Italiener Antonio Riva, der das Netz- durch ein Tonnengewölbe ersetzte, nur als teilweise geglückt bezeichnet werden; er sicherte Tegernsee keinen Rang unter den bedeutendsten Kirchen der Zeit. Dennoch weist das frühe Beispiel barocker Gestaltung durch italienische Künstler in Bayern dem Sakralbau einen hohen künstlerischen Wert zu. Insgesamt 24 spätgotische Altäre mußten damals 14 Altären weichen, von denen heute nur noch drei erhalten sind. Den reichen Freskenschmuck besorgte genial der große Kirchenmaler Johann Georg Asam, der den mirakelreichen Tod des hl. Quirinus, das Leben Jesu, die 14 Nothelfer, die Klostergründung, Freunde der Abtei und die hl. Familie bilderreich in Szene zu setzen wußte. Die krönende Kuppellegende blieb der puttenumjubelten Aufnahme der Kirchenväter in den Himmel vorbehalten. Neben dem reichen Kirchenschatz verdienen die Figurinen von Johann Baptist Straub in der angebauten Quirinus-Seitenkapelle Erwähnung.

Das *Museum Tegernseer Tal – Kultur und Geschichte* lädt, nur wenige Schritte vom Schloß entfernt, zu beschaulicher Rast ein. Eine Fülle vornehmlich mit der Geschichte des Benediktinerstiftes verbundener Asservate illustriert die Bedeutung der Abtei, weiterer Fundus den Farb- und Formenreichtum heimischer bäuerlicher Kultur.

Das *Olaf-Gulbransson-Museum* in der Nähe des Kurhauses ehrt einen der berühmtesten Bürger der Stadt, der im Schererhof 1929 seine zweite Heimat fand. Dank der Initiative und großzügigen Schenkungen

Ludwig-Thoma-Haus

seiner Frau Dagny Björnson-Gulbransson konnte eine lückenlose Retrospektive des zeichnerischen Werkes Interessierten zugänglich gemacht werden. Literaturbegeisterte werden sich einen Besuch der Häuser von Ludwig Thoma, Karl Stieler und Ludwig Ganghofer nicht entgehen lassen.

Wanderungen:
Mit wunderbaren Perspektiven belohnen die Tegernseer Höhenwege die Mühe des Aufstiegs: Im Forst geht's übers Neureuth-Haus hinunter nach St. Quirin oder Gasse, oder auch weiter hinauf zur Gindelalmschneid. Das Alpbachtal geleitet über den Prinzenweg zur Baumgartenschneid, zum Riederstein und wieder zurück über's Pfliegeleck ins Tal. Den Zauber der Egerer Bucht erschließt eine Tour über den Leebergsattel, vorbei am Paraplui, bis zur Tuften und weiter zu den Cafés Angermaier und Kreuz.

Rottach-Egern

6795 Einwohner, 720 bis 1790 m über NN

Information
Tourist-Info Rottach-Egern
Nördliche Hauptstraße 9
83700 Rottach-Egern
Telefon 08022 / 6713-41 und 42
Fax 08022 / 671347
Internet: www.rottach-egern.de
E-mail: info@rottach-egern.de

Tourismus
3200 Gästebetten: Hotels aller Kategorien, Gästehäuser, Privatzimmer, »Ferien auf dem Bauernhof«, Ferienwohnungen und Appartements. Großes gastronomisches Angebot vom bayerischen Schmankerl bis zum Sternerestaurant, Bars und Nachtclubs.

Sport
Wandern, Radeln, Segeln, Surfen, Drachen- und Gleitschirmfliegen, Reiten, See- und Warmbad, Hallenbad, Tennisplätze und -hallen, Kegeln, Asphaltstockschießen, Ski- und Snowboardfahren in der Sutten, Langlauf, Eislauf, Eisstockschießen, Eissegeln, Rodeln.

Ausflüge
Wallberg (1722 m), Wandergebiet Sutten/-Spitzingsee und Valepp, Panoramastraße Wallberg, Rundfahrten auf dem Tegernsee

Sehenswürdigkeiten
St.-Laurentius-Kirche, Friedhof St. Laurentius mit den Gräbern von Ludwig Ganghofer, Ludwig Thoma und Leo Slezak, Kutschen-, Wagen- und Schlittenmuseum, Bronzeskulpturen im Kurpark

Veranstaltungen
Ende Mai/Anfang Juni: Kunst- und Kulturtage, Mitte Juli: Seefest; Ende August: Roßtag, Waldfeste.

Der bekannte Luftkurort zu Füßen des mächtigen Wallbergs entzückt jedermann durch die zauberhafte Lage an der intimen Egerer Bucht, deren »Malerwinkel« wohl zu den bekanntesten deutschen »Ferienperspektiven« gezählt werden darf. Das bereits im frühen Mittelalter urkundlich erwähnte Dorf, dem ein kleiner Bergfluß seinen Namen schenkte, sollte erst im 19. Jahrhundert aus seinem Dornröschenschlaf erweckt werden, als es von Familien des Hochadels und angesehenen Bürgertums im Gefolge der Wittelsbacher entdeckt wurde, die dort ihre Feriensitze erbauten. Zum mondänen Treffpunkt gesellschaftlicher Prominenz, die hier zahlreich Wohnung bezog, geriet es aber erst nach dem Zweiten Weltkrieg durch die Spitzenklasse seiner Hotels. Der betriebsame Ort wird von Jung und Alt gleichermaßen favorisiert und befriedigt mit kultivierten Gästehäusern, gepflegtem Kurbetrieb und eleganten Geschäften vor allem der Modebranche auch höchste Ansprüche. Hier kann ein jeder nach seiner Façon selig werden: der Naturliebhaber ebenso wie der Nachtschwärmer. Dem Charme der Mixtur von Lederhosenstil und Jetset kann sich eigentlich keiner entziehen. 3200 Gästebetten in zahlreichen Hotels, Gasthöfen, Pensionen und Bauernhöfen, eine Schönheitsfarm, ein See- und Warmbad und ein großer Kur- und Kongreßsaal beinhalten die variantenreichen Möglichkeiten einer dem Fremdenverkehr optimal verbundenen Infrastruktur. Blühendes Brauchtum bereichert das internationale Flair des exklusiven Ferienortes durch typisch altbaierische Akzente. Dem kulturellen Angebot von Rottach-Egern mit Konzerten, Heimat- und Theaterabenden gesellen sich sportliche Freizeitmöglich-

Roßtag in Rottach-Egern

Mit Stil und Eleganz verführt Rottach-Egern seine Gäste
Einer langen Tradition als Sommerfrische für Künstler, Prominente und des Jet-Set verdankt Rottach-Egern seinen weltweiten Ruf. Wer Luxus, Exklusivität und ein lebendiges Nachtleben sucht, der wird hier fündig. Wer jedoch ländliche Idylle, Privatunterkünfte oder »Ferien auf dem Bauernhof« zwischen Wiesen und Apfelbäumen bevorzugt, trifft ebenso auf ein reiches Angebot. Kulinarische Ansprüche erfüllt eine breit gefächerte Gastronomie.

Der Sonnen-Wallberg
Eine Kabinenbahn bringt die Besucher auf 1620 m Höhe. Von hier oben genießt man einen herrlichen Blick über den Tegernsee und die Alpen. Für Speis und Trank sorgt das Panorama-Restaurant mit seiner Terrasse.
Der Wallberg erwartet seine Gäste das ganze Jahr. Im Bergfrühling erfreut die Frühjahrsblüte und der Alpenlehrpfad. Im Sommer lockt die klare und kühlere Luft Spaziergänger und Wanderer. Im Herbst genießt man die letzten milden Sonnentage, die Sicht ist prächtig, das Laub lodert in allen Farben. Gleitschirm- und Drachenflieger haben Saison. Im Winter bietet der Wallberg die längste Rodelbahn Deutschlands. Im trutzigen Wallberg-Kircherl finden im Sommer regelmäßig Berggottesdienste statt.

Segeln und Surfen
Der Tegernsee bietet beste Voraussetzungen für alle Wassersportarten, für Anfänger gibt es Surf- und Segelschulen. Die letzte der alljährlichen Segel-Regatten findet am Nikolaustag statt.

Das Egerner Gnadenbild

keiten mit Strandbädern, Segel- und Bootsvermietungen, Tennisplätzen, zwei Bergbahnen auf Wallberg und Sutten, der Panoramastraße zum Wallbergmoos, von der Tourist-Info veranstalteten Wanderungen und Hochtouren, einer Drachenflug-, Ski- und Langlaufschule, sowie mit Skiliften, einem Eisplatz, einer gepflegten Loipe und der längsten Rodelbahn Deutschlands.

Sehenswürdigkeiten:
Die *Pfarrkirche zum hl. Laurentius* gilt unter Kennern als wohlgelungenes Beispiel bäuerlichen Barocks, zu dessen Schönheit viele Namenlose ihr Bestes beitrugen. Das im 15. Jahrhundert errichtete Gotteshaus, dessen südliche Außenmauer ein interessantes Fresko mit heimischer Perspektive zeigt, verbirgt seine spätgotische Bausubstanz im blatt- und früchtereichen Überschwang späterer Miesbacher Stukkierung und Malerei, deren farbliche Ausgewogenheit das Kirchenschiff in äußerst harmonischer Weise gestalten. Statt spektakulärer Kunstwerke erfreuen den stillen Betrachter ein rührendes Gnadenbild der Gottesmutter aus dem 16. Jahrhundert, das einst Ziel von Wallfahrten war, die skulpturenreiche Ausstattung dreier Altäre und Votivbilder mit Motiven der Sendlinger Mordweihnacht. Das Hochaltarblatt schuf Hans Georg Asam 1690.

Auf dem blumengeschmückten *alten Friedhof*, dessen schmiedeeiserne Kreuze die Kunstfertigkeit des hiesigen Handwerks verraten, fanden viele Prominente ihre letzte Ruhestätte: so Leo Slezak, Ludwig Thoma und Ludwig Ganghofer. Im Jahre 1508 entstand die am Nordeingang gelegene Totenkapelle.

Der von Andreas Gulbransson, dem Sohn des berühmten Zeichners, gestaltete Neubau der *evangelischen Auferstehungskirche* gilt als ein geglückter Beleg moderner sakraler Architektur, dessen liebliche Proportionen sich harmonisch in die Berglandschaft einfügen. Unweit davon liegen Vater und Sohn Gulbransson auf dem neuen Friedhof begraben.

Wallberg-Kircherl

Unbedingt sehenswert sind die Exponate des *Kutschen-, Wagen- und Schlittenmuseums*, die der »roßnarrische« Thomas Böck im Laufe seines Lebens zusammengetragen hat. Seine zahlreichen Wechselausstellungen machen das Museum zu einem lohnenden Ziel.

Wanderungen:
Entlang der Egerer Bucht schlendert man über den Schorn zum Ringsee, um durch den alten Ortsteil Staudach mit seinen stattlichen Bauernhöfen und Grünland wieder zurückzukehren. Am Fuß des Wallbergs geleitet ein abwechslungsreicher Waldweg vorbei am kleinen Gloggnerweiher inmitten idyllischer Wiesen nach Enterrottach, das sich auch über den Rottachdamm und das stille Kühzagl bequem erreichen läßt. Von dort führt eine gebührenpflichtige Mautstraße, vorbei am Naturwunder der Rottacher Wasserfälle, in die florareiche Sutten mit hübschem Moorsee und bewirtschafteten Gasthöfen.

Das angrenzende Gebiet der Valepp bietet zahlreiche Möglichkeiten für Bergwanderer, etwa hinüber zur Firstalm, zum Spitzingsee oder zur Erzherzog-Johann-Klause. Wallbergstraße, Wallberg- und Suttenbahn belohnen den Naturfreund mit herrlichem Panoramablick über den See und das benachbarte Alpengebiet und dienen als Ausgangspunkt für lohnende Touren bis hinüber zu Plankenstein und Risserkogel, deren Mühe Brotzeitstationen »versüßen«. Auch eine Wanderung auf den Riederstein, die sich mit der Besichtigung des Tegernseer Salitererhofes und des Thomahauses verbinden läßt, und ein Spaziergang in die Kreuther Weißachauen mit ihrem Blütenwunder gehören zu den gerne befolgten Pflichtübungen eines jeden Rottacher Urlaubers.

Kreuth

3810 Einwohner, 123 qkm Fläche
800 bis 1800 m über NN

Informationen
– Gemeinde Kreuth
Nördliche Hauptstr. 14
83708 Kreuth
Telefon 08029 / 18-0, Fax 08029 / 18-41
Internet: www.kreuth.de
E-mail: rathaus@kreuth.de
– Tourist-Information
Nördliche Hauptstraße 3
83708 Kreuth
Telefon 08029 / 18-19, Fax 08029 / 18-28
E-mail: info@kreuth.de

Fremdenverkehr
1500 Gästebetten, 3 Hotels, 28 Gästehäuser, 4 Gasthöfe, 104 Privatvermieter, Jugendherberge, Campingplatz
Feriendialysestation, Kurklinik
40 Gaststätten/Restaurants
Warmfreibad
120 km Spazier-, Fahrrad- und Wanderwege
60 km Langlaufloipen, 7 Skilifte, 2 Rodelbahnen

Sehenswürdigkeiten
Gotische Pfarrkirche St. Leonhard, erbaut 1491
Kirche Maria im Walde in Glashütte, erbaut 1599
Naturkäserei

Feste und Veranstaltungen
Anfang Juli: Internationales Oleg-Kagan-Musikfest
Juli/ August: Trachten- und Waldfeste
6. November: Leonhardifahrt

Ausflugsziele
Zahlreiche Wanderwege in die Kreuther Berge von 800 bis auf 1800 m
Weißachau-Naturschutzgebiet
Siebenhütten

Am Südende des Tales wenige Kilometer vor der Tiroler Grenze gelegen, begeistert der Luftkurort seine Besucher – ähnlich wie Gmund – durch weitgehend intaktes bäuerliches Kulturland und ein schier unerschöpfliches Angebot an Wanderungen und Bergtouren rund um das Auland der Weißach zwischen Wallbergflanke, Hirschberg, Leonhardstein und der abschließenden Blaubergkette. Die Gemeinde Kreuth verfügt in mehreren Hotels, Gasthöfen und Pensionen ihrer 17 Weiler über etwa 1500 Übernachtungsmöglichkeiten.

Das riesige Kommunalareal von 123 Quadratkilometern zwischen Ringsee und Glashütte umfaßt größtenteils Forstgebiete mit Bergland und stellt während des Sommers für die Bewohner der anderen, mit Gästen vollbelegten Talgemeinden bereits eine Art Naherholungsgebiet dar. Noch immer fast unversehrt präsentiert sich die Struktur der Dorfgemeinde, obwohl sie in der Mitte der 70er Jahre des letzten Jahrhunderts den größten Zuzugsquotienten des Tegernseer Tales zu verkraften hatte. Die Originalität des Brauchtums der 800 Jahre alten Gemeinde, das u. a. von den Trachtenvereinen der »Hirschbergler« und »Leonhardstoana« mit Hingabe gepflegt wird, ist in ganz Oberbayern berühmt. Volksmusik als Kiem Paulis Vermächtnis, Laienspiel, Almkirta: Hier ist eben alles noch lebendig, was anderswo längst der Vergangenheit angehört. Zahlreichen, vorwiegend dem Brauchtum verbundenen Heimatabenden gesellt sich ein reiches Angebot an Sport- und Freizeitmöglichkeiten bei. So verfügt Kreuth über einen Campingplatz, ein Freibad, Tennismöglichkeiten, Schießstätte, Skilifte und Skischulen, Langlaufloipen und zwei Rodelbahnen.

Kreuth

Sehenswürdigkeiten:
Kreuths *Pfarrkirche zum hl. Leonhard*, 1184 im Auftrag der Tegernseer Abtei errichtet, erfuhr 1491 ihre Umgestaltung in die heutige Form. Zu schlichtem, weißgekalktem Mauerwerk mit ordnender Netzgratstruktur setzt eine Komposition bewegter Schnitzfiguren goldene Akzente, die dem schmalen Kirchenschiff seinen intimen, feierlichen Ernst verleihen. Bedeutung sichert dem Gotteshaus freilich nicht der bescheidene kunsthistorische Stellenwert, sondern die ungebrochene Tradition seines Patroziniumsfestes am 6. November, das alljährlich Dutzende prächtig geschmückter Pferdegespanne zur ältesten Leonhardifahrt Bayerns versammelt.

Die *Hl.-Kreuz-Kirche* von Wildbad Kreuth mit expressiver Kreuzigungsgruppe verdankt ihre grazilen Proportionen einem Neubau im Jahre 1706. Seit 1511 hatte dort bereits eine Kapelle bestanden, neben der ein einfaches angegliedertes Badehaus die Nutzung der nahen, heilkräftigen Mineralquelle gestattete, die den Raiblerschichten des Kalkalpins am Fuße des Hohlensteins entspringt.

Der sich anschließende *Biedermeierflachbau*, 1820 von den Wittelsbachern erstellt und in der Folgezeit zum bedeutenden Kurbetrieb entwickelt, zählte in der Mitte des 19. Jahrhunderts eine Reihe illustrer Persönlichkeiten zu seinen Gästen. Leider brach 1971 ein Brand die Tradition des beliebten Sanatoriums, das seitdem der CSU-nahen Hanns-Seidel-Stiftung als Schulungszentrum dient.

Das Kirchlein *Mariae Heimsuchung* in Glashütte entstand 1698 während der letzten lebhaften Bautätigkeit des Tegernseer Klosters in der Barockzeit. Der kleine Sakralbau überrascht durch kunstvolle Innenaus-

Prädikat »Heilklimatischer Kurort«
1971 wurde Kreuth das seltene Prädikat »Heilklimatischer Kurort« wegen seiner besonderen Luftströmung, die dem Talbewohner ein medizinisch begründetes Wohlbefinden bringt, und nicht zuletzt in Anerkennung seiner Bedeutung und Verdienste für den erholungsuchenden Gast verliehen.

Oleg-Kagan-Musikfestival
Im Jahr 1818 ließ König Max I. in Wildbad Kreuth eine Badeanstalt errichten. Heute dienen diese Gebäude der CSU-nahen Hanns-Seidel-Stiftung als Bildungsstätte und bilden den Rahmen von kulturell hochrangigen Veranstaltungen. Höhepunkt ist alljährlich in den ersten beiden Juliwochen das internationale Oleg-Kagan-Musikfestival, bei dem Künstler aus aller Welt klassische Musik zur Aufführung bringen.

Sport und Erholung im Dreiklang von Bergen, Seen und Wäldern
Kreuth begeistert seine Gäste durch das nahezu unerschöpfliche Angebot an Wandermöglichkeiten und Bergtouren rund um das Auland der Weißach zwischen Wallbergflanke, Hirschberg, Leonhardstein und dem Blaubergmassiv. Auch Radfahrer kommen auf zahlreichen Radwegen und Bergstraßen nicht zu kurz. An heißen Sommertagen bietet der Tegernsee eine angenehme Abkühlung in der Bucht des Kreuther Ringsees. Auch im Winter hat Kreuth ein vielfältiges Freizeitangebot: 55 km geräumte Wanderwege, 60 km Langlaufloipen, 7 Skilifte, 2 Rodelbahnen, ein Eisplatz und Pferdeschlittenfahrten durch die verschneite Landschaft laden zu winterlichen Vergnügungen ein.

stattung, einen zierlichen Altar und die fast lebensgroße Holzskulptur einer würdevollen Madonna der Spätgotik.

Erwähnung verdient das über dem Tal thronende *Ringbergschloß*, neuzeitlicher Beleg für die ungebrochene Baulust der Wittelsbacher, dessen große Anlage mehrere Stilrichtungen in sich vereint. Der umfangreiche Bau mit allegorischem, zeitgenössischem Freskenschmuck gelangte durch Schenkung in den Besitz der Max-Planck-Gesellschaft, die ihn zu Tagungen nutzt.

Wanderungen:
Die Weißachauen zwischen Kreuth und Rottach-Egern begeistern alljährlich den Naturfreund durch ihre überschwengliche Frühlingsflora mit Tausenden von Enzianglöckchen, Mehlprimeln und Silberwurzblüten; ein Waldlehrpfad auf dem Damm des begradigten Bergflusses erklärt Sträucher und Bäume. Weitere lohnende Spaziergänge führen in das idyllische Wiesenareal um Scharling mit seinen prächtigen Bauernhöfen; über Wildbad Kreuth nach Siebenhütten und weiter in die grandiose Wolfsschlucht; von der Schwaigeralm in die Langenau zur Bayer-Alm, Ludwig Thomas Lieblingsalm, die bei Einheimischen das »Boaraibe« heißt; und durch das Schwarzenbachtal ins Reich der Schwarzen Tenn mit ihrem faunareichen Hochmoor. Bergtouren erschließen den heimischen Hirschberg, die Korallenrifftürme des Leonhardsteins und des almenträchtigen Roß- und Buchsteins, dessen Aufschlüsse Fossiliensammlern reiche Funde versprechen. Über Geiß- und Königsalm läßt sich bequem der Schildenstein bezwingen; eine Begehung des anschließenden Blauberggrates sollte allerdings Geübten und nur bei bester Witterung vorbehalten bleiben. Schließlich verwöhnt den Bergwanderer das Zauberreich der Wasserl um Glashütte mit vielen versteckten »Gumpen«, in denen zu baden der Naturfreund aus Respekt vor der unberührten Natur sich auch durch das Beispiel anderer nicht verführen lassen sollte.

Wildbad Kreuth, Hl.-Kreuz-Kirche

Wildbad Kreuth, Badegebäude von 1820

Die Naturkäserei TegernseerLand
Seit dem Jahr 2010 beheimatet die Gemeinde Kreuth die Naturkäserei TegernseerLand – ein innovatives Genossenschaftsprojekt mit dem Ziel, dem Verbraucher qualitätsvolle Heumilchprodukte aus der Region anbieten zu können. Im Zusammenschluß von hiesigen Heumilchbauern und durch Hilfe zahlreicher Anteilseigner konnte diese »verwegene« Idee mit dem Bau eines repräsentativen Musterbetriebes in die Tat umgesetzt werden. Entstanden ist dadurch nicht nur eine echte Zukunftsperspektive für hiesige Milchbauern sondern auch eine regionale Attraktion, die von Touristen und Einheimischen gleichermaßen geschätzt wird. Denn hier werden nicht nur Käse, Joghurt und Topfen produziert und verkauft – die Naturkäserei bietet noch vieles mehr: In der Schaukaserei kann man den Kasern bei ihrer täglichen Arbeit zusehen. Regelmäßig stattfindende Führungen geben eindrucksvolle Einblicke in die Produktionsverläufe. Und im Probierstüberl und auf der Sonnenterrasse lassen sich alle Heumilch-Spezialitäten nach Herzenslust genießen.

Die Naturkäserei TegernseerLand mit Sonnenterrasse und Bauerngarten (Foto: Grafikhaus Tegernsee)

Bad Wiessee

4500 Einwohner, 3280 ha Fläche, 735m NN

Informationen
Tourist Information · Kurverwaltung Bad Wiessee
Adrian-Stoop-Straße 20, Postfach 120
83704 Bad Wiessee
Tel.: 08022 /86030, Fax: 08022 /8630-30
Internet: www.bad-wiessee.de.
E-mail: info@badwiessee.de

Tourismus
4200 Betten in Hotels aller Kategorien, Hotels garni, Gästehäuser, Ferienhäuser, Ferienwohnungen, Sanatorien und Kliniken, 45 Gaststätten.

Jodschwefelbad
Indikationen: Erkrankungen des rheumatischen Formenkreises, des Herzkreislaufsystems, der Atemwege, der Haut und der Augen.

Sport
Golf (18-Loch-Platz), Tennis, Segeln, Surfen, Tauchen, Schwimmen, Luftgewehrschießen, Paragliding, Mountainbiking, Ski alpin und Langlauf, Eisstockschießen, Wandern, Bergsteigen, Klettern.

Ausflüge
Aueralm (1270 m), Bauer in der Au, Hirschberg (1670 m), Schwarze Tenn (Almhütte), Seerundfahrt.

Sehenswürdigkeiten
Kirche Maria Himmelfahrt, Bergfriedhof, Quirinusölkapelle, Kornspeicher (Troadkasten), Abwinkel mit seinen Bauernhöfen, Aquadome (Süßwasseraquarium), Duft- und Tastgarten an der Seepromenade.

Veranstaltungen
Seefest mit Brillantfeuerwerk, Waldfeste, Konzerte, Winter-Montgolfiade, Schachturnier, Ausstellungen, Theater, Show und Kabarett in der Winner's Lounge der Spielbank Bad Wiessee.

Das attraktive Heilbad mit Weltruf am Westufer des Tegernsees ist die jüngste der Talgemeinden. Die Karriere des großzügig konzipierten Kurortes begann erst um 1900, als holländische Ingenieure auf den Spuren des seit 1441 genutzten St.-Quirinus-Öls, das man als reines Naphtha identifiziert hatte, nach Erdöl bohrten und dabei auf eine Quelle starker Schüttung stießen. Schnell erkannten Wissenschaftler die Einzigartigkeit der chemischen Zusammensetzung des Mineralwassers und empfahlen seine Anwendung in heiltherapeutischem Rahmen. Sein Indikationsgebiet umfaßt u. a. Kreislaufbeschwerden, Augenleiden, Erkrankungen der Haut, der Atemwege und des rheumatischen Formenkreises. Um das Herz des frisch renovierten Jod- und Schwefelbades mit seinen Kureinrichtungen gruppiert sich reich an Grünanlagen die attraktive Gemeinde mit einem großen Angebot an Gästebetten in Komforthotels, Gasthäusern, Pensionen und Ferienwohnungen.

Vorzügliche Sanatorien und Kliniken, aber auch Kosmetiksalons und Schönheitsfarmen ergänzen die gesundheitsorientierte Palette des Kurangebotes; gute Restaurants, ein großes Freizeitbad, Sehenswürdigkeiten, eine Kurpromenade mit Pavillons, 60 km gepflegte Höhen- und Waldwege schaffen optimale Voraussetzungen für einen gelungenen Urlaub. Vor der Traumkulisse des Tegernsees, dessen Ufer hier voll zugänglich sind, genießt man die Kurkonzerte, spielt Gartenschach, macht eine Ruderpartie oder geht zum Schwimmen in eines der Strandbäder. Kulturelle Veranstaltungen, Theater- und Heimatabende versprechen ebenso

Kurpromenade

Jod und Schwefel – nötiger denn je

Auf die Herausforderungen des 21. Jahrhunderts hat sich Bad Wiessee mit seiner eigenen Kurphilosophie bestens vorbereitet: Eine zukunftsorientierte, individuelle Kur muß vernetzt, ganzheitlich und zeitgemäß sein. Zu den Grundlagen der Behandlung gehören neben neuesten wissenschaftlichen Erkenntnissen aus der physikalischen Therapie, der Naturheilkunde, der Ernährungswissenschaft, der Sport- und Trainingswissenschaft nicht zuletzt auch Psychologie und Pädagogik. Alle Angebote – vom »Jod-Schwefelbad zum Kennenlernen« bis zur »Spezialtherapie für Computergestreßte« – werden ganzjährig angeboten.

Da die Jodbäder gleichermaßen die Durchblutung fördern und den Blutdruck senken, kann das Bad Wiesseer Jod-Schwefel-Quellwasser für eine weitgefächerte Anzahl von Indikationen eingesetzt werden. Es bewährt sich bei Störungen der Kreislauffunktion, bei sklerotisch bedingten Herz- und Gefäßkrankheiten sowie bei Atemwegserkrankungen. Auch Patienten mit unterschiedlichen rheumatischen Beschwerden finden hier Linderung. Ebenso werden Jod-Augenbäder bei Augenleiden erfolgreich eingesetzt. Seit seiner umfangreichen Renovierung anläßlich des 100jährigen Jubiläums präsentiert sich das Jodschwefelbad in schlicht-elegantem Stil seinen Besuchern.

Die Kurkliniken Bad Wiessees bieten mit ihrem hohen medizinischen Standard – durch den sie auch für Anschlußheilbehandlungen geeignet sind – und einem Service wie in einem Vier-Sterne-Hotel die besten Voraussetzungen für einen guten Heilerfolg. Inhalationen, Vierzellenbäder, Wannen- und Besprühungsbäder, Spezialmassagen und vieles mehr werden als Teile einer umfangreichen wie individuell abgestimmten Therapie angeboten.

Abwechslungsreiches Sommer- und Winterprogramm

Mehr als 60 km geräumte Wanderwege und gespurte Loipen sind ein Anziehungspunkt. Wen es in die Höhe zieht, der kann am Sonnenbichl (mit Beschneiungsanlage) mit Blick auf den Tegernsee herrliche Ski-Abfahrten unternehmen. Für die »romantischen« Gäste sind Pferde-Schlittenfahrten ein unvergeßliches Erlebnis. Ganz besonders lebendig geht es dann im Sommer zu: Reger Nachfrage erfreuen sich Gleitschirm-, Golf-, Tennis- und Tauchkurse. Auch Segelregatten sind sommerliche Höhepunkte. Bad Wiessees Golfplatz gehört zu den am schönsten gelegenen in Deutschland, und im Umkreis von nur einer Stunde Autofahrt befinden sich weitere zehn Plätze. Die Tennisbegeisterten erwartet eine Open-Air-Halle mit zwei Plätzen sowie sechs Außenplätze mit Centercourt. Wasser-, Dampf- und Saunaspaß findet der Gast im »Bade Park Bad Wiessee«. Auf den über 50 km langen Berg- und Wanderwegen kommen auch Mountainbiker voll auf ihre Kosten.

Übernachten in Bad Wiessee

Dank guter Verkehrsanbindung beziehungsweise kurzer Anfahrt mit dem Auto können sich gestreßte München-Besucher hier in guter, würziger Bergluft bei bester gastronomischer Betreuung zwischen ihren beruflichen Terminen, etwa bei einer der vielen Münchner Messen, wieder »fit« machen. Vielleicht wartet auf den Besucher der Kurpromenade sogar ein Aufstieg mit dem Heißluftballon. Spätestens dann wird der Gast erkennen – »Bad Wiessee … zum Abheben schön!«

Am Lindenplatz

Kurzweil wie der Besuch der Spielbank; bunte Akzente des Brauchtums setzt der Volkstrachtenverein. Daß das Wiesseer Flair nicht nur von den Bedürfnissen seiner Senioren geprägt wird, dafür sorgen ein reichhaltiges Spektrum an sportlichen Freizeitmöglichkeiten sowie eine »Spiel- und Sportarena« für Kinder und Jugendliche. Neben einem exklusiven, wunderschön gelegenen Golfplatz (18 Löcher), einer Golf-Driving-Range mitten im Ort, Reitmöglichkeiten, Segel- und Ruderbootverleih und Tennisplätzen verdient vor allem das Wintersportangebot lobende Erwähnung mit Liften und gepflegten Loipen.

Sehenswürdigkeiten:

Ohne eigentliche geschichtliche Tradition, vermag Bad Wiessee nicht wie die anderen

Schwestergemeinden mit kunstgeschichtlichen »Leckerbissen« aufzuwarten.

Die weithin sichtbare katholische *Pfarrkirche Maria Himmelfahrt* (20. Jahrhundert) verdient jedoch schon ihrer hübschen exponierten Lage wegen einen Besuch. Das gilt ebenso für den benachbarten, landschaftlich sehr schön angelegten Friedhof, auf dem man vielen bekannten Namen begegnen kann.

Mit seinem Aquadome bietet Bad Wiessee seinen Gästen Bayerns größtes begehbares Süßwasseraquarium, welches eindrucksvoll die Fischwelt des Tegernsees dokumentiert. Und im direkt angeschlossenen Bistro lassen sich die hiesigen Fischspezialitäten mit Blick auf den See genießen.

Auch die Besichtigung von Alt-Wiessee (Abwinkel) ist von großem Reiz: hübsches bäuerliches Grünland um stattliche Bauernhöfe mit altbaierischen Perspektiven. Ähnlich unversehrt hat sich die Idylle von Holz, mit weitem Blick über den See hinweg, mit ihrem Schatz an Gehöften in die moderne Zeit gerettet.

Das Jod- und Schwefelbad:
Auch Wiessees eigentliche Domäne, das *Jod- und Schwefelbad*, erschließt dem interessierten Spaziergänger eine Fülle sehenswerter Details: Da sind die beiden Pumphäuser der König-Ludwig-III.- und Wilhelmina-Quelle zu nennen, deren technische Ausstattung großartige Planung verraten; aber auch all die anderen medizinischen Einrichtungen, die nach ihrer Renovierung in neuem Glanz erstrahlen und die die Anwendung des Heilwassers in verschiedenster Applikationsform erlauben, wie Wannen-, Augen-, Besprühungsbäder und Inhalationen.

Auf der Auer Alm

Im Garten des Jod-Schwefelbades

Wanderungen:
Gemütliche »Hatscher« führen hinauf zum Golfplatz, zu Freihaus und Sonnenbichl, nach Holz: die auch für Spaziergänger leicht erreichbaren und die geringe Mühe lohnenden Aussichtsterrassen Bad Wiessees. Reichen botanischen und geologischen Schatz bescheren Ausflüge in die lauschig-schattigen Seitentäler des Kurortes. Spaziergänge durch die Gründe des Breiten-, Zeisel- und Söllbaches lassen sich nach Stärkung in einer der Restaurationen (wie Aueralm, Söllbachklause, Bauer in der Au) genußreich mit eindrucksvollen Bergtouren verbinden: so zum Fockenstein und dem Seekarkreuz.

Weitere Photobücher von R. Peter Bachhuber im Oreos Verlag:

Im Herzen Oberbayerns
Das Miesbacher Land
3. aktualisierte Auflage
176 Seiten mit 184 farbigen Abbildungen,
davon 96 ganzseitige Bildtafeln, und einer Übersichtskarte
Deutschsprachige Ausgabe
Hardcover mit Schutzumschlag
ISBN 978-3-923657-59-9

In gleicher Ausstattung:
In the Heart of Upper Bavaria
The Miesbach Region
Nel Cuore dell' Alta Baviera
La Regione di Miesbach
Zweisprachige Ausgabe englisch und italienisch
ISBN 978-3-923657-60-5